TRAVAUX DE DÉFENSE DE LA VILLE DE TOURS,

CONTRE

LES INONDATIONS.

MÉMOIRE

A MM. LES MEMBRES DU CONSEIL DE PRÉFECTURE

D'INDRE-ET-LOIRE.

POUR

M. NICOLAS DRIOT

Entrepreneur des quais de Tours,

CONTRE

M. LE PRÉFET DU DÉPARTEMENT D'INDRE-ET-LOIRE.

Paris. — Imprimerie de L. MARTINET, rue Mignon, 2.

V

TRAVAUX DE DÉFENSE DE LA VILLE DE TOURS.

CONTRE

LES INONDATIONS.

MÉMOIRE

A MM. LES MEMBRES DU CONSEIL DE PRÉFECTURE
D'INDRE-ET-LOIRE,

POUR

M. NICOLAS DRIOT
Entrepreneur des quais de Tours,

CONTRE

M. LE PRÉFET DU DÉPARTEMENT D'INDRE-ET-LOIRE.

MESSIEURS,

L'adjudication des travaux de construction des quais sur la rive gauche de la Loire, a été prononcée au profit du sieur Driot, le 10 septembre 1859, avec un rabais de 25 pour 100.

Ces travaux compris entre le Champ de Mars et la gare du canal de jonction du Cher à la Loire, avaient été évalués dans un estimatif annexé au projet. . . . . 1,058,709 f. 60

La déduction du rabais étant de.   264,677   40

Restait pour l'entreprise.   794,032   20

1

La somme à valoir étant de 70,200 fr. 40.

Le montant de la dépense primitivement autorisée était de (rabais déduit). 918,532 60

Mais, par une décision ministérielle, en date du 27 août 1860, la dépense des perrés a été augmentée de. 54,210 50

Dépense totale autorisée. 972,748 10

Le décompte définitif des travaux a été notifié à l'entrepreneur le 3 février 1862.

Il s'élevait à 817,551 fr. 02 cent.

L'entrepreneur a présenté des réserves le 18 février 1862.

Leur examen a fait porter le décompte à 826,363 fr. 21 cent.; mais les ingénieurs ont repoussé comme inadmissibles dix chefs de réclamations.

Cependant, tout en émettant un avis défavorable à ces réclamations, au nom du droit, ils ont néanmoins reconnu que quatre d'entre elles devaient être prises en considération, et qu'il serait équitable de les admettre jusqu'à concurrence de 26,706 fr. 54 cent.

Il n'est pas inutile de mettre sous les yeux du Conseil les considérations par lesquelles M. Francfort, ingénieur ordinaire, termine son rapport :

« En résumé, en analysant une à une chacune des parties de la réclamation de l'entrepreneur, il est très facile de démontrer qu'elles tombent toutes devant les termes très formels du devis de l'entreprise et des clauses et conditions générales.

» Il n'en est pas moins vrai que l'entrepreneur a été très malheureux. Il indique un chiffre de perte énorme et qui ne s'élève pas à moins de 400,000 fr. Il n'est pas possible de vérifier cette allégation; mais il est certain pour le soussigné QUE LA PERTE EST CONSIDÉRABLE. » Tout, pendant l'exécution des travaux, s'est réuni pour amener ce résultat fatal. Ainsi, la Loire s'est presque continuellement tenue » HAUTE et LES FONDATIONS ONT ÉTÉ DIFFICILES. Il a fallu constamment

» ÉPUISER et lutter sans cesse contre les ÉBOULEMENTS. Il y a eu un ren-
» chérissement subit et considérable DE LA MAIN-D'ŒUVRE. Il y a eu une
» foule de manœuvres très dispendieuses, provenant des difficultés
» d'un chantier établi sur 2 kilomètres de longueur entre le fleuve et
» une route sur laquelle il était indispensable d'éviter les encom-
» brements.

» Malgré toutes ces difficultés, le travail a été bien mené, et nous
» devons dire à l'honneur de l'entrepreneur que, malgré une surveil-
» lance active, malgré les visites de tous les jours faites par le soussi-
» gné, on n'a pu constater une seule fois l'intention de commettre une
» malfaçon. L'entrepreneur, pendant tout le cours des travaux, a donc
» fait preuve de BONNE VOLONTÉ, de ZÈLE et d'UNE GRANDE PROBITÉ. Il a été
» malheureux, et le soussigné ne peut qu'appeler sur lui la bienveil-
» lance de l'administration. »

C'est sous le bénéfice de ces réflexions que l'entrepreneur présente à
la décision du Conseil les réclamations suivantes :

1er CHEF.

Remboursement des droits d'octroi.

L'entrepreneur demande le remboursement des droits d'octroi,
s'élevant à la somme de 40,098 fr. 78 cent., et qu'aucune disposition
du marché ne met à sa charge.

A cette demande, messieurs les Ingénieurs répondent que le devis
est MUET sur la question de savoir si les droits d'octroi sont des charges
explicites de l'entreprise, et que, dès lors, aux termes de l'article 11
des clauses et conditions générales, il y a présomption légale que leur
acquittement par l'entrepreneur est *implicitement* compris dans les
prix du marché.

Il est à remarquer qu'en fait de dépenses à la charge de l'entrepreneur, l'application du principe des présomptions ne peut être faite et qu'il faut toujours en revenir à l'examen du sous-détail pour reconnaître les intentions des stipulateurs.

On doit se demander, en effet, pourquoi le devis est muet sur une question aussi importante.

Est-ce une omission tout à fait fortuite ?

Ne serait-ce pas plutôt le résultat de cette conviction où étaient les ingénieurs, que cette dépense des quais devant se faire au compte des deux budgets de l'État et de la ville, cette dernière ne pouvait reprendre sous forme de droit d'octroi une partie des crédits affectés à sa part de contribution à la dépense ?

Cette considération expliquerait et justifierait l'omission signalée ; mais elle expliquerait et justifierait aussi la réclamation actuelle.

Le remboursement des droits d'octroi dans des circonstances analogues, a été l'objet d'une jurisprudence dont le dernier état est favorable à la réclamation du sieur Driot.

Le conseil d'État, dans les décisions que nous allons examiner, s'est prononcé pour l'exonération des taxes d'octroi, parce qu'il a reconnu que les ingénieurs, dans la composition de leurs prix, n'avaient pas fait entrer ces taxes comme un élément distinct et prévu.

Ce principe est consacré par les arrêts des 12 août 1854, *Annales des ponts et chaussées*, volume de mars, et d'avril 1855 et 27 novembre 1856, volume de mai et juin 1857.

« Considérant, dit le premier arrêt cité, qu'il résulte de l'instruction, » et qu'il est reconnu d'ailleurs par notre ministre des travaux publics, » que, d'après le devis, les matériaux de l'entreprise ne devaient pas être » soumis aux droits d'octroi ;

» *Que le payement de ces droits n'est pas entré comme élément dans* » *la composition des prix du sous-détail*, et que, dès lors, c'est à tort » que le Conseil de préfecture n'a pas ordonné le remboursement aux » entrepreneurs des taxes d'octroi payées par eux à la ville d'Issoudun, » sur une partie des matériaux de l'entreprise. »

Et le second arrêt :

« Considérant qu'il est déclaré par notre ministre des travaux publics
» que la chaux devait, dans la pensée des ingénieurs, être employée en
» lit de rivière et ne pas être soumise au droit d'octroi; qu'il suit de là
» que le payement de ce droit *n'est point entré comme élément dans la*
» *composition du prix porté pour la chaux au sous-détail.* »

Il est facile de reconnaître que le conseil d'État examine la composition du prix, qu'il en consulte les éléments et que l'omission des droits
d'octroi dans leur énumération, le porte toujours à la réparer, ce qui
revient à dire que le Conseil proscrit *les charges implicites.*

Il y a loin de cette jurisprudence à la doctrine soutenue par les ingénieurs dans leur rapport du 28 février 1852, et dont voici l'extrait :

« Il est vrai que le devis est muet sur cette question; mais l'art. 11
» des clauses et conditions générales du 25 août 1833, dit formelle-
» ment que l'entrepreneur ne peut, sous aucun prétexte d'erreur ou
» d'omission dans les sous-détails, revenir sur les prix consentis par lui.

» La formule que l'administration prescrit de suivre pour la rédac-
» tion des bordereaux des prix et des renseignements sur leur composi-
» tion, a pour but principal de rappeler aux entrepreneurs cette clause
» formelle de leur marché.

» Ainsi, que le droit d'octroi des matières imposées à l'entrée de la
» ville *ait ou n'ait pas été compté dans le prix de ces matières,* l'en-
» trepreneur n'est pas admis à élever sur ce point la moindre récla-
» mation.

» Il n'est pas fondé, en droit, à réclamer le remboursement des droits
» d'octroi qu'il a payés à la ville, et qui réellement, nous devons le dire,
» se sont élevés au chiffre qu'il indique. »

Les ingénieurs confondent ici des frais et des dépenses, de façon ou
de fourniture, frais que tout entrepreneur doit prévoir avec des taxes
IMPRÉVUES, qui ne sont pas la conséquence obligée du travail, et dont il

était au contraire supposable que l'entrepreneur était affranchi, d'abord parce que cette charge n'était pas précisée, ensuite parce que, comme nous l'avons déjà dit, la contribution de la ville aux dépenses projetées autorisait à interpréter le silence de la série par l'exonération des taxes.

Nous disions plus haut que les ingénieurs, en invoquant cette fin de non-recevoir tirée de l'article 11 des clauses et conditions générales, donnaient à cet article une généralisation qu'il n'a pas et l'étendaient à des taxes, tandis que son acception assez limitée se borne aux dépenses techniques des travaux proprement dits.

Nous allons établir le fait de cette confusion.

L'auteur d'un prix oublie dans l'analyse une main-d'œuvre ou une fourniture, néanmoins l'entrepreneur accepte le prix total : ce contrat d'acceptation ne peut être revisé.

Ou l'entrepreneur a été imprudent, en ne remarquant pas cette omission, et il doit subir la peine de son imprudence, ou bien il a constaté l'omission, mais d'autres éléments *compensateurs* dans le prix l'ont déterminé à accepter avec pleine connaissance de l'omission, et il ne doit pas être relevé de cette acceptation.

Dans le premier cas, son défaut d'expérience du prix ; dans le second, son calcul de compensation sont des obstacles à tout retour sur le prix accepté, parce qu'il s'agit d'un fait technique, qu'il a dû, qu'il a pu apprécier.

Sa capacité et son industrie ont été aux prises avec les éléments du travail soumis à son examen.

Mais les taxes d'octroi sont étrangères à toute connaissance spéciale de la profession, à toutes dépenses que nécessite l'entreprise; elles sont extérieures à l'exécution des travaux.

On peut concevoir cette dernière et la réaliser, sans le payement, par l'entrepreneur, des droits d'octroi.

Et en voici une preuve :

Lorsqu'il s'est agi de la construction du palais de justice de Tours, le devis portait que les droits d'octroi seraient *à la charge de l'entrepreneur.*

Cet entrepreneur était M. Driot, et le souvenir de cette disposition spéciale, qui n'est pas reproduite dans le devis des travaux de défense, n'a pas peu contribué à lui faire interpréter le silence du projet sur ce point par l'exonération des taxes.

L'administration a-t-elle bien eu la pensée de mettre les droits d'octroi à la charge de l'entrepreneur? Pourrait-elle l'affirmer? Nous ne le croyons pas, en présence de cet aveu fait par M. Francfort, ingénieur ordinaire, dans son rapport du 17 juin 1862 :

« *Nous n'avons pas fait d'omission dans la composition des prix élémentaires, puisque nous n'avons même pas cherché à nous rendre compte de cette composition.* »

C'est un prix en bloc, et non d'analyse technique et professionnelle, que les ingénieurs ont porté sur le bordereau.

Cette manière d'apprécier le travail et les fournitures est tout à fait contraire aux prescriptions de la circulaire ministérielle du 10 juillet 1858. Dans ce document, M. le ministre recommande de donner aux entrepreneurs, sous le titre de : *Renseignements,* les sous-détails et les calculs au moyen desquels les ingénieurs sont arrivés à l'établissement du prix; puis il ajoute : *on fera toujours ressortir, dans le calcul des éléments de chaque sous-détail, le temps employé aux diverses mains-d'œuvre et la quantité des fournitures.*

Ainsi, quand le ministre, pour mettre fin à de nombreuses difficultés, prescrit de joindre au bordereau des prix une annexe contenant tous les renseignements, toutes les indications, tous les calculs des éléments, de manière à bien éclairer l'entrepreneur et à éviter toute surprise, M. Francfort se fait une arme de l'absence d'indications aussi précises, et argumente de l'indétermination fautive du bordereau.

Il avoue même qu'il n'a pas cherché à se rendre compte, et que les éléments des prix sont restés pour lui lettre close.

Aussi les RENSEIGNEMENTS consignés dans le projet se bornent-ils à un prix, sans distinction, sans énumération démonstrative ou limitative des mains-d'œuvre ou des fournitures.

Le texte des nᵒˢ 2 et suivants des prix élémentaires se combine parfaitement avec l'exonération de la taxe d'octroi, parce qu'il n'est pas même dit que le prix indiqué est celui des matériaux *rendus à pieds-d'œuvre*, mention spécialement mise pour le sable des grèves de la Loire.

Bien plus : l'ingénieur reconnaît qu'il est dans l'impossibilité de dire s'il y a eu omission. Quoi! tant d'incertitudes dans l'auteur du projet?

Cette obscurité volontaire et calculée du bordereau peut-elle s'interpréter contre l'entrepreneur?

Ne tombe-t-elle pas directement sous l'application de la jurisprdence citée?

L'affirmative est d'autant moins contestable que l'arrêt du 27 novembre 1856 a posé un principe que la restituabilité n'était qu'une question de fait. L'élément des taxes figure-t-il *oui* ou *non* dans la composition du sous-détail?

Nous savons qu'on l'y cherche vainement.

C'est dans ces circonstances que Driot réclame le remboursement de la somme de 40,698 fr. 78 c., montant, non contesté, des taxes qu'il a versées.

2ᵉ CHEF.

Terrassements,

BLINDAGES ET ÉPUISEMENTS.

Le 7 mars 1860, l'entrepreneur adressait à M. le préfet la réclamation suivante :

Réclamation relative au blindage des talus.

MONSIEUR LE PRÉFET,

L'art. 6 du devis, dans la pensée d'économiser le cube des fouilles, a prescrit l'inclinaison des talus à un de base pour cinq de hauteur, en mettant à la charge de l'entrepreneur les éboulements produits au delà cette inclinaison.

Il n'est pas inutile de faire remarquer que l'angle des talus naturels n'est en réalité qu'une question de classification de déblais.

En effet, l'expérience a permis de dresser une table des talus naturels des déblais, table que nous allons reproduire et qui révèle que chaque déblai a son inclinaison propre et toujours corrélative à sa nature :

Sable fin et sec, d'après une seule observation de. .	Gadroy.	21°
Sable fin bien sec et grès pulvérisé, d'après . . .	Rondelet. . . .	34°29'
Sable de l'espèce la plus légère, d'après	Barlow.	39°
Terre ordinaire bien sèche et pulvérisée, d'après.	Rondelet. . . .	47°
La même terre légèrement humectée, d'après. . .	Rondelet. . . .	51°
Terre de l'espèce la plus dense et la plus compacte.	Barlow.	55°
Terre incohérente et parfaitement sèche.	Pasley.	39°
Sable de rivière très fin.	Delanges. . . .	33°
Sable très fin.	Huber-Burnaud.	30° à 33°

On voit, d'après ce tableau, que l'angle d'inclinaison diminue avec le peu de densité des déblais et que le talus est d'autant moins incliné que les déblais sont plus résistants, ce qui revient à dire que pour prescrire un talus stable, il faut préalablement faire des sondages afin de déterminer la nature du sol, et que de même que la jurisprudence du conseil d'État repousse les imprévisions en matière de classification, de même elle doit aussi les proscrire en matière d'inclinaison de talus, puisque ce sont deux faits inséparables l'un de l'autre.

Lorsque les auteurs du projet des travaux de défense de la ville de Tours ont prescrit une inclinaison de 1 sur 5, c'est-à-dire d'un angle de 75 degrés au moins, ils ont par là admis que les terrains rencontrés seraient d'une nature assez compacte pour se maintenir à cette inclinaison.

Si nous examinons le tableau donné plus haut pour rechercher la nature PROBABLE des déblais prévus en fonction de l'inclinaison prescrite par le devis, nous remarquons que l'angle de la plus grande inclinaison est donné par la terre de l'espèce la plus dense qui se talute à 55 degrés, angle très inférieur à celui prescrit, et qu'il faut entrer dans la catégorie des déblais pierreux et compactes de marne et d'argile, pour trouver des couches qui se talutent à 75 degrés sans éboulements forcés.

Au point de vue du contrat, les prévisions présentées par l'administration et acceptées par les entrepreneurs étaient donc celles de déblais pouvant avoir de la stabilité, sous un angle de 75 degrés, et devant conséquemment ne pas exiger, si le travail était bien conduit, un cube de fouille supérieur à celui réellement exécuté et déterminé par les profils. On comprend dès lors combien la connaissance exacte de la nature réelle du terrain était nécessaire avant de prescrire l'inclinaison déterminée par l'art. 6 du devis, parce

2

que la moindre erreur sur cette nature avait pour résultat de forcer l'entrepreneur à faire un cube de fouille qui ne lui serait pas compté, ou bien à reprendre le cube des éboulements, mais toujours gratuitement.

Malheureusement, l'exécution est venue démontrer que la nature des déblais rencontrés était tout à fait *imprévue*, et qu'il y avait lieu conséquemment de considérer l'inclinaison prescrite comme frappée elle-même d'*imprévision*.

En effet, les déblais fouillés jusqu'à ce jour révèlent la présence du sable de falaise, qui ne peut se maintenir sous l'inclinaison ordonnée.

Des expériences ont été faites sur ce sujet par M. Leblanc, officier supérieur du génie, et reproduites par M. Saint-Guilhem, ingénieur en chef des ponts et chaussées, dans les *Annales des ponts et chaussées*, mois de mai et de juin 1856, page 346.

Ces expériences démontrent que les sables des falaises se tiennent en talus vers un angle de 38 degrés.

L'erreur d'inclinaison commise par le devis est donc représentée par un arc différentiel de 37 degrés, ou, en d'autres termes, tout le cube compris dans un angle de 52 degrés partant de la verticale et arrivant à la limite du talus naturel, c'est-à-dire à 38 degrés, doit être compté comme fouille *utile* à l'entrepreneur, puisque sous un angle plus relevé la couche tranchée ne peut y avoir aucune stabilité et subit des éboulements permanents sous son propre poids.

Avant d'avancer dans la discussion, il est utile, monsieur le Préfet, de bien fixer ce point de jurisprudence, que les déblais *imprévus* donnent droit à l'entrepreneur de réclamer un prix supplémentaire, et que les erreurs d'un projet, en matière de classification, ne peuvent pas servir de base au règlement du décompte.

Un arrêt du conseil d'État, en date du 10 mars 1859, rapporté dans les *Annales des ponts et chaussées*, n° de septembre et d'octobre 1859, page 532, a décidé « qu'un « entrepreneur avait justement réclamé un supplément de prix, lorsqu'il avait fouillé « des déblais autres que ceux prévus. » C'est là le dernier document d'une jurisprudence qui est aujourd'hui très nettement établie.

Si donc, au point de vue de la fouille, un entrepreneur doit toujours être affranchi des erreurs du projet, il en doit être de même, par voie de conséquence, des erreurs d'inclinaison de talus, puisque les inclinaisons, ainsi que nous l'avons démontré, sont nécessairement corrélatives à la nature des déblais.

L'administration ne peut résister aux conséquences de la jurisprudence précitée, en soutenant, ainsi que le dit M. l'ingénieur Francfort, dans sa lettre du 23 février, que l'entrepreneur a accepté des profils qui circonscrivent le cube *utile* à lui payer, parce que cette acceptation a eu lieu *avant toute exécution*, c'est-à-dire à une époque où rien n'était venu démontrer que les prévisions du projet en matière de déblais étaient erronées. Mais aujourd'hui que les tranchées sont ouvertes, que l'on peut constater l'inexactitode des prévisions, l'entrepreneur invoque la rectification admise par la jurisprudence.

: Autrement, en prescrivant un angle de 75 degrés, quand les déblais ne peuvent se tenir qu'à 38 degrés, le marché aurait pour effet de mettre à la charge de l'entreprise des éboulements inévitables; de sorte que plus de moitié du cube des fouilles ne serait pas payé à l'entrepreneur.

Ce n'est pas là l'esprit de l'art. 6 du devis, qui met bien à la charge de l'entrepreneur les modifications que celui-ci croit devoir faire, dans son intérêt, à la section des déblais, et les éboulements qui peuvent accidentellement survenir, pour cause de sa façon et de négligence, mais non les éboulements qui tiennent à la nature des déblais, qu'il était facile de prévoir, si des sondages eussent été faits à l'avance, et qui, en définitive, auraient pour résultat d'obtenir d'un entrepreneur la fouille gratuite d'un cube de déblai dont l'enlèvement est nécessaire pour l'exécution du travail.

Jamais, dans l'esprit d'équité qui anime la justice administrative, on ne fera considérer comme charge d'entreprise un travail qui n'est pas l'accessoire d'une main-d'œuvre générale. Si le cube utile prévu est de 33,713^m,06, comment faire admettre que le cube supplémentaire qui est environ de 40,000 mètres puisse être envisagé comme une charge et non comme un accroissement du cube de l'entreprise? On le voit, monsieur le Préfet, la distinction entre les éboulements accidentels et les éboulements forcés est le point capital de ma réclamation, car l'administration qui n'a pas procédé dans son marché par un cube à forfait, mais bien par indications unitaires, ne peut en exiger l'exécution que dans l'étendue rigoureuse de ses prévisions.

Or, ses prévisions ayant pour limite le taluage 75 degrés, au delà de cette inclinaison, on se trouve en dehors du contrat et par conséquent dans la nécessité de pourvoir à cette imprévision.

Si les travaux s'exécutaient en pleine campagne et en tranchée ordinaire, la demande de l'entrepreneur se réduirait à faire admettre en situation le cube supplémentaire compris entre 75 et 38 degrés, mais l'impossibilité sur les quais de Tours d'évaser la tranchée jusqu'à 38 degrés, à cause des nécessités de la circulation, doit faire recourir à l'expédient des blindages pour maintenir les terres.

En conséquence, l'entrepreneur demande, ou que les blindages soient faits en régie par l'administration, ou qu'il soit autorisé à blinder, suivant un prix à fixer, pour maintenir les talus à l'inclinaison prescrite.

Épuisements à faire en régie.

Le projet, en prenant pour point de départ de la distinction à établir entre les dragages et les fouilles ordinaires, le niveau constant de l'étiage, a admis que le dragage ne serait compté à l'entrepreneur que dans la tranche de déblais de 1 mètre supérieur au plan de l'étiage.

Ce qui a déterminé à admettre le dragage en faveur de ce massif de déblais est la constatation de ce fait que, par une action capillaire, les déblais supérieurs de 1 mètre au niveau du fleuve sont assez mélangés d'eau pour que l'emploi de la drague soit utile pour opérer la fouille.

En combinant les dispositions de l'art. 7 du devis avec celles du n° 1 de la série, on voit que, moyennant le prix spécial stipulé pour ces dragages, l'entrepreneur doit draguer et faire *des épuisements* au besoin, mais toujours dans les limites de la tranche de 1 mètre supérieur à l'étiage.

Lorsque le niveau de l'eau dépasse celui de l'étiage et fait par conséquent remonter au-dessus de 1 mètre la nappe d'eau et vient combler la partie des fouilles considérées comme *déblais ordinaires*, je pense alors que les épuisements nécessaires doivent être, aux termes de l'article 23 des clauses et conditions générales, à la charge de l'administration.

En effet, le devis et la série n'ont mis à la charge de l'entreprise que les épuisements prévus dans la tranche de 1 mètre supérieur à l'étiage. Dès lors, tous les autres épuisements doivent être faits pour le compte de l'administration. De plus, le n° 2 de la série qui prévoit les déblais ordinaires, les définit spécialement de déblais *au-dessus de l'eau*, définition qui n'est plus exacte chaque fois que l'eau vient les envahir.

L'entrepreneur peut bien consentir à ne les considérer que comme déblais ordinaires, au prix de 0 fr. 72 c., mais à la condition qu'ils resteront dans les termes de la définition consignée dans la série.

Il est déjà assez onéreux pour moi, après les épuisements, de fouiller ces déblais imprégnés d'eau, comme déblais ordinaires, sans avoir encore la charge même de ces épuisements.

Du reste, la détermination d'un plan qui passe à 1 mètre au-dessus de l'étiage pour séparer les dragages des déblais ordinaires, est un véritable forfait qui limite très nettement l'étendue des épuisements à ma charge.

Dans ces circonstances, je demande, monsieur le préfet, qu'il soit admis en principe que, par application de l'art. 23 des clauses et conditions générales, il soit tenu attachement de tous les épuisements que je serais obligé de faire à partir de 1 mètre au-dessus de l'étiage, et que les dépenses ainsi constatées me soient régulièrement payées chaque semaine avec les trois quarantièmes d'usage.

Telle était la réclamation adressée à l'administration le 7 mars 1860.

Le 20 du même mois, Driot fait connaître à M. le préfet qu'il renonce à lui donner un caractère contentieux, mais qu'il la déférera à la fin des travaux à la juridiction gracieuse.

Cette résolution était sage.

Conformément à l'art. 6 du devis, Driot, préalablement à l'exécution, avait accepté les profils des fouilles et cette acceptation devait servir de circonscription graphique aux déblais à extraire.

Franchir cette limite était impossible.

En acceptant sans réserves ces profils, l'entrepreneur acceptait aussi l'hypothèse de la stabilité naturelle, suivant un plan déterminé par une ligne, servant de troisième côté à un triangle ayant 1 de base pour 5 de hauteur.

Vainement, les ingénieurs prétendent-ils aujourd'hui que jamais ils n'ont admis cette hypothèse, et les efforts qu'ils font pour se soustraire à cette conséquence, sont impuissants.

Ils avaient admis que l'inclinaison de 1 sur 5, était le point d'équilibre des terres, puisqu'ils n'avaient prévu aucun blindage.

Leur prévision s'était arrêtée aux éboulements accidentels et ceux-là, comme de juste, devaient rester à la charge de l'entrepreneur :

« Il est entendu, dit l'art. 6 du devis, qu'il ne sera rien compté pour » la reprise des éboulements qui pourraient survenir... »

Ces termes indiquent bien l'éboulement accidentel, celui qui peut être prévenu par des précautions et une surveillance active de l'ouvrier.

Mais jamais cette rédaction ne peut être appliquée à des éboulements forcés, c'est-à-dire à ceux qui auraient été inévitables si l'inclinaison de 1 sur 5 n'eût point été le point d'équilibre des terres fouillées.

Disons-le donc, Driot, responsable des éboulements *accidentels*, devait être affranchi des éboulements *permanents*.

Il l'eût été, en effet, sans les pluies continuelles de 1860, pluies exceptionnelles qui ont transformé en déblais mouillés des déblais qui devaient être exploités à sec et qui ont rendu nécessaires les blindages, en changeant complétement les conditions d'équilibre des talus.

C'est donc, au nom d'un cas de force majeure, que l'entrepreneur vient demander le remboursement des dépenses imprévues occasionnées par les terrassements.

Avant d'aborder le point de vue légal, établissons d'abord le caractère exceptionnel et météorique du temps à Tours, pendant l'année 1860.

Cet examen sera fait sur une période de dix ans, avec les documents de l'administration elle-même.

Tableau comparatif des hauteurs moyennes mensuelles de la Loire pendant les années 1849, 1850, 1851, 1852, 1853, 1854, 1857, 1858, 1859 et 1860.

MOIS.	1849	1850	1851	1852	1853	1854	1857	1858	1859	1860	Moyennes mensuelles comparées.	Moyennes mensuelles de 11 années.	Moyennes mensuelles de l'année 1860.
Janvier....	1.79	1.43	1.05	0.91	1.76	1.13	2.03	0 37	1.16	1.66	13.31	1.331	1.68
Février...	1.18	1.93	1.16	1.25	1.16	1.00	1.29	0.10	1.31	1.10	12.38	1.238	1.69
Mars.....	0.92	1.06	1.37	1.03	1.67	0.79	1.37	1.10	0.74	1.76	12.11	1.211	1.91
Avril.....	1.36	1.85	1.58	0.58	1.63	0.43	1.63	1.22	0.91	1.31	12.50	1.250	1.66
Mai......	1.21	1.11	1.72	0.70	1.72	1.07	1.13	0.73	1.01	0.74	11.17	1.117	1.25
Juin......	1.17	1.01	0.82	1.31	1.71	1.61	0.83	0.35	0.85	0.48	10.17	1.017	1.19
Juillet....	0.82	0.56	0.38	1.21	1.12	1.19	0.32	0.03	0.11	0.53	6.32	0.632	0.53
Août.....	0.52	0.81	0.31	1.23	0.61	0.99	0.03	0.02	0.03	0.21	4.88	0.488	0.62
Septembre.	0.41	0.67	0.19	1.22	0.65	0.26	0.23	0.01	0.03	0.01	3.76	0.376	1.25
Octobre...	1.02	0.98	0.63	1.18	0.90	0.21	1.11	0.13	0.13	0.11	6.76	0.676	1.19
Novembre.	1.27	1.01	0.59	1.81	1.16	1.05	1.03	0.28	0.72	0.01	8.99	0.899	1.11
Décembre.	1.60	1.19	0.78	1.57	0.88	2.16	0.95	0.97	0.67	0.22	11.29	1.129	1.89
Totaux annuels	13.27	13.73	10.91	14.03	15.30	12.22	12.30	5.96	7.72	8.20	113.61	11.367	15.97
Moyennes annuell.	1.106	1.145	0.91	1.17	1.275	1.02	1.025	0.497	0.644	0.683	0.947	0 917	1.33

La moyenne annuelle de 10 années est de 0ᵐ,94 au-dessus de l'étiage;
La moyenne de 1860 de 1ᵐ,33.

Ce résultat prouve qu'avec des fouilles à 0ᵐ,50 au-dessus de l'étiage, l'administration était dans le vrai en comptant comme déblais mouillés 0ᵐ,50 au-dessus du fond de ces fouilles, puisque la moyenne étant de 0ᵐ,94, c'était 0ᵐ,44 de déblais mouillés au-dessus du fond des fouilles à extraire.

Mais en 1860, cette zone de déblais dans l'eau a été de 1ᵐ,33—50, soit 0ᵐ,83.

Bientôt nous exposerons comment cette différence de 0ᵐ,39 que présente l'année 1860 a bouleversé les prévisions et modifié le travail.

Mais pénétrons dans des faits moins généraux.

Tableau comparatif des hauteurs minima et maxima pendant les années 1859-1860-1861.

MOIS.	1859		1860		1861	
	MINIMA.	MAXIMA.	MINIMA.	MAXIMA.	MINIMA.	MAXIMA.
	m	m	m	m	m	m
Janvier............	0.70	3.17	1.20	2.65	0.90	3.87
Février............	1.02	2.11	1.01	3.30	0.79	1.60
Mars..............	0.51	1.07	1.37	3.36	1.33	2.77
Avril..............	0.56	1.35	1.30	2.60	0.76	2.61
Mai...............	0.67	2.01	1.11	1.55	0.56	1.28
Juin	0.57	1.07	0.81	2.00	0.28	0.75
Juillet............	0.01	0.51	0.31	0.97	0.30	0.76
Août.............	0.01	0.07	0.35	0.96	0.01	0.11
Septembre.........	0.01	0.11	0.45	1.91	0.02	0.12
Octobre...........	0.08	0.63	0.81	1.70	0.03	0.14
Novembre..........	0.33	1.29	0.72	1.87	0.01	0.16
Décembre..........	0.10	1.55	1.24	3.23	0.01	0.46
Totaux......	4.68	15.00	10.71	26.10	5.08	14.39

Tableau comparatif du nombre de jours pendant lesquels les eaux de la Loire se sont tenues chaque mois à des hauteurs différentes au-dessous de l'étiage.

MOIS.	ENTRE 0 ET 0m.50			ENTRE 0m.50 ET 1m.00.			ENTRE 1m.00 ET 1m.50.			ENTRE 1m.50 ET AU-DESSUS.		
	1859	1860	1861	1859	1860	1861	1859	1860	1861	1859	1860	1861
Janvier............	»	»	»	18	»	9	8	13	12	5	18	10
Février............	»	»	»	»	»	11	23	15	16	5	14	1
Mars..............	»	»	»	29	»	»	2	3	14	»	28	17
Avril..............	»	»	»	18	»	8	12	13	12	»	17	10
Mai...............	»	-	»	19	»	26	10	30	5	2	1	»
Juin..............	»	»	16	25	10	14	5	14	»	»	6	»
Juillet............	30	16	15	1	15	16	»	»	»	»	»	»
Août..............	31	11	31	»	20	»	»	12	»	»	»	»
Septembre.........	30	1	30	»	7	»	»	12	»	10	»	»
Octobre...........	29	»	31	2	5	»	»	24	»	2	»	»
Novembre..........	10	»	30	12	17	»	8	6	»	7	»	»
Décembre..........	9	»	31	18	»	»	4	12	»	10	»	»
Totaux.......	139	28	184	142	74	84	72	142	59	42	122	38

Ces tableaux donnent lieu aux considérations suivantes :

Hauteurs de 0 à 0ᵐ,50.

L'année 1860 n'a que 28 jours pendant lesquels la Loire a été inférieure à 0ᵐ,50, mais encore avec cette circonstance si constitutive du caractère de force majeure que prennent les pluies de cette déplorable année, que la hauteur moyenne de l'eau, pendant cette courte période, a été de 0ᵐ,53, tandis que les 139 jours de 1859 ont eu une hauteur moyenne de 0ᵐ,17, et les 184 jours de 1861 une hauteur moyenne de 0ᵐ,20.

Hauteurs de 0ᵐ,50 à 1ᵐ,00.

L'année 1860 n'a eu que 74 jours pendant lesquels la Loire s'est tenue entre 0ᵐ,50 et 1 mètre.

La hauteur moyenne de l'eau, pendant cette courte période, a été de 0ᵐ,80.

Tandis que les 142 jours de 1859 ont eu une hauteur moyenne de 0ᵐ,66.

Et les 84 jours de 1861, une hauteur moyenne de 0ᵐ,66.

Hauteurs de 1ᵐ,00 à 1ᵐ,50.

L'année 1860 a eu 142 jours pendant lesquels la Loire s'est tenue entre 1 mètre et 1ᵐ,50.

La hauteur moyenne de l'eau, pendant cette période, a été de 1ᵐ,28.

Tandis que les 128 jours de 1859 ont eu une hauteur moyenne de 1ᵐ,16 et les 59 jours de 1861 une hauteur moyenne de 1ᵐ,23.

Hauteurs au-dessus de 1ᵐ,50.

L'année 1860 a eu 122 jours pendant lesquels la Loire a été supérieure à 1ᵐ,50.

Tandis que 1859 n'a eu que 12 jours et 1861 38 jours au-dessus de cette même cote.

Il résulte du tableau des *minima* et *maxima*, que les minima mensuels cumulés de 1860 présentent un chiffre double de celui obtenu pour 1859 et 1861. Or, les minima sont les époques de travail facile, d'épuisements nuls, de déblais asséchés : l'entrepreneur Driot a donc été dans des conditions une fois moins favorables en 1860 qu'il l'eût été en 1859 ou en 1861.

Si, au lieu de limiter nos comparaisons à 1859 et à 1861, nous les faisons sur un ensemble de dix années (1849, 1850, 1851, 1852, 1853, 1854, 1857, 1858, 1859, 1861), voici les résultats que nous signalons et qui confirment le caractère météorique de l'année 1860 :

Hauteur entre 0 et 0ᵐ,50.

La moyenne annuelle nous apprend que la Loire s'est tenue pendant 100 jours entre 0 et 0ᵐ,50, c'est-à-dire à la hauteur la plus favorable aux travaux ;

L'année 1860, pendant 28 jours seulement.

Hauteur entre 0ᵐ,50 et 1 mètre.

La moyenne annuelle décennale donne 101 jours ;
L'année 1860, 74 jours seulement.

Hauteur entre 1 mètre et 1ᵐ,50.

La moyenne annuelle des dix années est de 113 jours.
L'année 1860 nous donne 142 jours.

Hauteur entre 1ᵐ,50 et au-dessus.

La moyenne annuelle décennale est de 54 jours ;
L'année 1860 nous donne 122 jours.

Ce dernier chiffre, rapproché de celui obtenu pour les hauteurs comprises entre 0 et 0ᵐ,50, donne lieu à ces réflexions :

L'année 1860 a eu le plus petit nombre de jours pendant lesquels la Loire a été inférieure à 0ᵐ,50 et le plus grand nombre de jours pendant lesquels le fleuve a été supérieur à 1ᵐ,50.

Quant aux minima et aux maxima dans la période décennale indiquée, la moyenne annuelle est : pour les minima, de 7ᵐ,44 ; pour les maxima, de 18ᵐ,83.

Tandis que pour 1860 nous avons trouvé les chiffres suivants : minima, 10ᵐ,71 ; maxima, 26ᵐ,10.

Tableau comparatif du nombre de jours de pluie (1).

MOIS.	NOMBRE DE JOURS DE PLUIE.								
	1830	1831	1834	1835	1836	1838	1839	1841	1860
Janvier........	6	12	»	1	16	3	7	1	16
Février........	7	2	»	10	5	11	8	8	7
Mars..........	5	19	»	5	8	8	6	13	12
Avril.........	19	22	»	5	13	»	7	3	7
Mai..........	13	9	18	21	11	5	15	4	11
Juin.........	5	6	16	11	6	2	12	13	15
Juillet........	6	9	13	11	6	3	6	18	10
Août..........	11	4	8	5	8	7	4	1	15
Septembre. ..	9	5	»	9	16	8	11	6	13
Octobre........	10	9	11	19	7	4	17	4	12
Novembre......	16	12	17	7	10	12	9	10	9
Décembre.. ...	6	3	12	4	13	10	10	1	17
Totaux.....	113	112	98	108	122	71	112	82	114

Observations pluviométriques comparatives.

MOIS.	PLUIE RECUEILLIE, EXPRIMÉE EN MILLIMÈTRES PENDANT LES ANNÉES								
	1830	1831	1834	1835	1836	1838	1839	1841	1860
Janvier........	210	260	»	110	622	36	365	»	1101
Février........	170	30	»	150	41	171	50	418	181
Mars	130	460	»	588	431	61	136	528	361
Avril..........	620	580	»	37	606	282	472	»	462
Mai..........	400	190	333	995	1108	160	895	120	322
Juin	310	60	573	601	223	30	732	742	792
Juillet........	280	150	619	111	88	320	494	836	328
Août..........	490	180	217	291	377	569	310	»	902
Septembre......	290	130	»	955	826	382	725	662	1237
Octobre.	290	230	1128	1012	287	116	881	130	336
Novembre......	290	230	635	197	181	673	287	996	370
Décembre......	290	250	368	72	422	460	439	222	664
Totaux.....	4200	3350	3903	5355	5152	290	5816	4654	7059

(1) On n'a pas d'observations pendant les années 1832, 1833, 1857.

Les conclusions de ces tableaux sont les suivantes :

Le nombre de jours de pluie est plus grand en 1860 que dans les années antérieures, et surtout dans celles de 1855 et 1856, qui ont eu des crues dont on a gardé le douloureux souvenir.

L'année 1860 présente surtout ce caractère calamiteux au point de vue des travaux ; que c'est pendant les plus beaux jours de l'année, pendant les mois de juin, juillet et août que se trouvent les nombres les plus grands de jours pluvieux.

Il faut en excepter les mois de janvier et de décembre qui sont toujours les moments maximum du mauvais temps.

Ces mêmes conclusions doivent s'appliquer aux observations pluviométriques.

Le nombre de jours de pluie pendant l'année 1860 n'est atteint par aucune autre année précédente.

La masse d'eau tombée dans cette année est également supérieure à toutes celles des années antérieures.

Cette année 1860 se présente donc au point de vue légal comme un événement imprévu qui ne correspond ni à l'hypothèse qui a servi de base à la rédaction du projet, ni aux conditions dans lesquelles l'entrepreneur avait été déclaré adjudicataire, et dans lesquelles aussi il avait fait sa réclamation théorique du 7 mars 1860, réclamation qu'il avait retirée.

La question soumise au Conseil n'est plus celle de savoir si l'entrepreneur qui avait accepté à l'origine l'exécution des fouilles circonscrites dans un profil déterminé, a droit ou n'a pas droit de se faire payer les blindages.

La question est celle-ci :

« La hauteur permanente des eaux pendant l'année 1860 et la nature
» mouillée des déblais, ont nécessité l'emploi de blindages et d'épuise-
» ments permanents, l'administration doit-elle payer cette dépense qui
» est la conséquence imprévue d'un cas de force majeure ? »

Pour résoudre cette question, il faut d'abord rechercher ce que les clauses et conditions générales entendent par *cas de force majeure*, et examiner ensuite si les pluies et les crues permanentes de 1860 peuvent entrer dans cette catégorie de faits supérieurs à toute prévision. L'article 26 des clauses et conditions générales s'exprime ainsi :

« Il ne sera alloué à l'entrepreneur aucune indemnité à raison des » pertes, avaries ou dommages occasionnés par négligence, imprévoyance, » défaut de moyens ou fausses manœuvres.

» Ne sont pas compris dans la disposition précédente, le cas de force » majeure, etc .. »

Il est évident, d'après cette rédaction, que tout fait supérieur, soit à la prudence, soit aux prévisions de l'entrepreneur, est considéré comme un cas de force majeure.

Sur ce point, la jurisprudence du conseil d'État paraît constante, et son application à l'espèce est d'autant moins discutable que le phénomène dont se plaint l'entrepreneur a eu un caractère général qui a embrassé toute la France.

Il était impossible à Driot d'éviter les effets de ce fléau, dont personne malheureusement n'avait pu prévoir le passage.

C'est donc bien là un cas de force majeure pour lequel, aux termes de l'article 26 des clauses et conditions générales, l'administration doit des indemnités compensatives des pertes.

Dans son mémoire en réponse en date du 17 juin 1862, M. Francfort, ingénieur, dit, *que c'est une naïveté de prétendre qu'on ne doit pas prévoir qu'une année sera pluvieuse.*

Cet amincissement de la thèse posée par Driot est un procédé peu sérieux de discussion.

Prévoir qu'il pleuvra dans le courant d'une année, n'est pas, comme le fait remarquer M. Francfort, un effort bien difficile à faire, et la réalisation de la prévision n'a rien qui doive surprendre.

Mais ce qui est imprévu, ce qui prend les proportions d'un sinistre, c'est la persévérance et la quantité de cette pluie.

Ce sont ces deux caractères qui ont signalé l'année 1860, qui lui ont donné cette notoriété si parfaitement établie par les observations rapportées.

Laissons donc à l'année 1860 ce caractère de sinistre que l'observation météorologique lui a reconnu, n'essayons pas de l'en dépouiller, la tentative serait inutile, et examinons les indemnités auxquelles elle donne ouverture.

En premier lieu, parmi ces indemnités, doit figurer le blindage qui n'a pas été prévu dans les pièces du projet et qui n'aurait pas été nécessaire si les terres n'eussent pas été détrempées, en un mot, si leur plan d'équilibre n'eût été changé par les pluies.

Les ingénieurs avaient calculé que les terres se tiendraient seules, et néanmoins nous lisons dans le rapport de l'ingénieur ordinaire, le passage suivant qui prouve combien les pluies avaient modifié le phénomène de la stabilité normale des déblais fouillés :

« Du reste, l'ingénieur soussigné avait indiqué à l'entrepreneur, sur » le conseil de M. l'inspecteur général Comoy, un système de blindage » fort économique qui lui aurait permis de couper verticalement ses » fouilles. Le sieur Driot n'a pas voulu suivre cet avis, etc. »

Si d'une part on consulte le projet, on verra que les ingénieurs étaient certains qu'avec un temps ordinaire, le point d'équilibre des terres à fouiller était déterminé par les profils levés originairement. C'est parce qu'ils avaient cette conviction, qu'il n'est nullement question des blindages dans aucun des éléments du marché. Pour repousser cette conclusion, il faudrait admettre cette conséquence que les ingénieurs savaient parfaitement, en faisant les projets, que les terres ne tiendraient pas à l'inclinaison prescrite, qu'il faudrait l'emploi de blindages, mais qu'en omettant sciemment cette fourniture et cette main-d'œuvre dans la composition du prix, ils ont tendu un piége à l'entrepreneur.

Conséquence qu'il faut repousser avec l'hypothèse qui lui donne forcément naissance.

Ainsi donc, nous restons avec ce principe acquis que l'inclinaison du

talus de 5 sur 1 était, d'après les calculs des ingénieurs, le point d'équilibre des terres, et que normalement, c'est-à-dire écartant la contin-
gence atmosphérique, le travail *pouvait* et *devait* se faire sans blindages.

Mais d'autre part, si, partant de cette hypothèse qui est bien celle de
l'équité, nous examinons les ingénieurs en cours d'exécution, nous les
voyons se préoccuper des blindages, rechercher le système le plus économique, en un mot, donner un démenti aux prévisions du projet.

Cette contradiction entre les pièces du projet et l'attitude des ingénieurs prouve que les choses ne sont plus entières, et qu'entre ce projet
et l'exécution, il est intervenu un fait qui a changé complétement la
matière du contrat. Ce fait, nous le répétons, c'est l'année de 1860,
année dont les conséquences désastreuses ne peuvent rester à la charge
de l'entrepreneur.

Épuisements.

L'influence des crues de 1860 a été aussi radicale sur les épuisements que sur les blindages.

On voit, en effet, dans l'art. 7 du devis que les épuisements n'ont pas
été prévus comme travail permanent, et la rédaction de l'article ne
laisse aucun doute à cet égard :

« Le prix n° 1 du bordereau est applicable aux déblais à exécuter
» depuis le fond des fouilles jusqu'à 1 mètre au-dessus de
» l'étiage et à l'*aide d'épuisements s'il y a lieu*, et pour toute nature de
» déblais. »

Dans la pensée des auteurs du projet, les épuisements ne devaient
être qu'une charge *accidentelle* et *passagère*, et bientôt nous verrons
que cette charge, par suite de l'exhaussement du plan des fondations,
devait être nulle.

Mais pour le moment nous allons démontrer par un profil moyen des
fouilles, qu'une fois cette hauteur de 1 mètre dépassée par le niveau
de la Loire, l'épuisement était pour ainsi dire impossible, à cause de la
perméabilité des terrains et du peu d'épaisseur de la couche de terre

qui séparait l'eau des fouilles, couche qui servait de diaphragme aux infiltrations du fleuve, et contre lesquelles l'entreprise ne pouvait se garantir que par des batardeaux toujours insuffisants.

Lorsque la Loire était à 1 mètre au-dessus de l'étiage, l'eau, pour pénétrer dans la fouille, devait traverser la cloison AB, dont l'épaisseur présente assez de résistance pour permettre aux épuisements de mettre la fouille à sec, et encore ne faut-il pas perdre de vue que cette hauteur de 1 mètre n'est atteinte que dans deux ou trois mois de l'année (1). Mais au contraire, lorsque la Loire atteint 1^m,50, on voit la cloison CD diminuer notablement et présenter tellement peu de résistance que si la fouille ne se remplissait pas d'eau pour faire contre-pression, la cloison CD serait renversée sous les pressions extérieures. Ainsi, la conservation du massif CDE était due ou à l'envahissement de l'eau dans la fouille ou aux blindages.

(1) Voyez le tableau n° 1.

Mais pour blinder, pour régler ensuite le fond de la fouille, il fallait très énergiquement épuiser, travail dont les résultats étaient, on le comprend, en raison inverse de l'épaisseur CD.

On doit deviner quelle a été la situation du chantier de fouille quand le niveau du fleuve était au-dessus de 1^m,50, niveau qui a été atteint pendant 122 jours de l'année 1860.

Il a fallu recourir aux blindages jointifs, calfeutrer avec du fumier; et malgré toutes ces précautions, se résoudre à une dépense énorme pour obtenir un travail utile presque nul et aboutir très souvent à la suspension du chantier.

On doit apprécier dès lors quelles influences les crues incessantes de 1860 ont exercées sur le travail des épuisements. Elles l'ont, pour ainsi dire, créé, ou tout au moins aggravé dans une mesure qu'il est assez difficile de préciser, et pour l'appréciation de laquelle les pièces du projet ne donnent aucun élément, les épuisements *passagers* que devait faire l'entrepreneur étant implicitement compris dans le prix des fouilles.

Cependant ce ne doit pas être pour l'entrepreneur une raison de ne pas voir sa demande accueillie.

Il est évident, en effet, que les auteurs du projet ont apprécié les épuisements qu'il y avait à faire en tenant compte des hauteurs moyennes que le service de la Loire permet de constater. Ces hauteurs sont comprises dans le projet entre l'étiage, point minimum, et 1 mètre, point maximum, c'est-à-dire en moyenne à 0^m,50 au-dessus de l'étiage.

Dire que le projet n'a pas été fait à l'aide de ces indications techniques, serait avouer que MM. les ingénieurs font des devis et des marchés sans tenir compte des faits et que leurs stipulations sont étrangères à la nature des choses, aux enseignements de l'expérience, et, disons-le, au bon sens technique.

Un projet, un marché, ne serait qu'une aventure dangereuse si ses stipulations principales n'étaient pas l'expression de la science et de l'observation des faits.

C'est en passant par cette critique austère qu'un projet devient la matière d'un contrat que la justice doit respecter, et voici pourquoi nous examinons les dispositions organiques du projet.

Le niveau des fondations a été porté à 0",50 au-dessus du niveau de l'étiage (1), si bien que, dans la pensée du projet, ce n'est que *très accidentellement* que les fouilles devaient être envahies par l'eau, parce que, d'une part, la cloison FG est la plus épaisse du cube réservé FGE, et que, d'autre part, la Loire est très fréquemment au-dessous de cette cote (2).

Ce rapprochement nous donne la véritable portée de ce mot *épuisement s'il y a lieu* que nous avons trouvé dans l'art. 7 du devis, portée tellement éphémère, que l'on peut dire que dans les prévisions, le travail des épuisements était nul.

En résumé, l'année 1860 a fait naître pour l'entrepreneur deux charges imprévues, le *blindage* et les *épuisements*, charges dont il doit être indemnisé aux termes de l'art. 26 des clauses et conditions générales.

L'entrepreneur dans ses réserves réclamait une indemnité :

1° Pour les épuisements ;

2° Pour les blindages ;

3° Pour la substitution du cube réel des fouilles au cube théorique résultant des profils originairement acceptés.

Cette dernière partie de ses réserves sera soumise à la juridiction gracieuse.

Il ne reste donc à rembourser au contentieux à l'entrepreneur que les pertes résultant du blindage et des épuisements, pertes s'élevant d'après les éléments de sa comptabilité et ses attachements à la somme de :

1° Pour blindages . . . . 41,020 fr. 97
2° Pour épuisements 35,082   99

Total. . . . . 76,103 fr. 96

(1) Ordre de service des 29 septembre 1859 et 23 janvier 1860.
(2) 139 jours en 1859 et 181 jours en 1861. (Voyez le tableau n° 3.)

4

3ᵉ CHEF.

Pilonnages.

Abandonné.

4ᵉ CHEF.

Réfection du prix de transport de la pierre de taille.

L'art. 21 du devis et le nᵒ 14 de la série indiquent que la pierre de taille proviendra des carrières de Pernay ou de Pontlevoy.

Le choix était laissé à l'initiative de l'entrepreneur, mais l'auteur de la série par ce fait même que l'entrepreneur était libre de prendre ses matériaux à l'une ou à l'autre des deux carrières, avait calculé son prix de transport dans l'hypothèse où moitié du cube serait pris à Pernay et moitié du cube à Pontlevoy. Ce qui revient à dire que le transport était *moyen* et qu'il avait été établi ainsi qu'il suit :

Transport de Pontlevoy à pied d'œuvre.

Transport de Pontlevoy à Montrichard	6 fr.	60
Chargement en bateau à Montrichard	2	00
Transport par eau de Montrichard à Tours.	9	50
Déchargement à Tours	2	00
Bardage de la cale sur le chantier.	5	50
Total.	25 fr.	60
Transport de Pernay à pied d'œuvre	8	00
Transport cumulé	33 fr.	60
Dont la moyenne est de	16	80

Ainsi, le transport moyen accepté par l'entrepreneur est de 16 fr. 80, mais le contrat d'acceptation de ce prix est soumis à cette hypothèse que les carrières de Pontlevoy ou de Pernay pourront fournir les cubes indiqués. Or, il est arrivé que les carrières de Pernay ont complètement fait défaut et que l'entrepreneur a été obligé de faire venir toute sa pierre des carrières de Pontlevoy bien plus éloignées que celles de Pernay. Ce fait est éminemment destructif du prix moyen accepté. Mais il reste à l'entrepreneur l'obligation de démontrer qu'avant de renoncer aux carrières de Pernay, il a fait tous les efforts qui étaient en son pouvoir pour tirer des matériaux de Pernay, si cette localité eût pu en fournir.

Originairement à la date du 23 octobre 1859, l'entrepreneur traita avec les carriers de Pontlevoy réunis pour une fourniture de 1000 mètres, le reste du cube devant être fourni par Pernay.

Le 22 novembre de la même année, des traités étaient passés avec les sieurs Pradel, Ménars, Nicolas, Débois, carriers à Pernay ; mais ces industriels, qui tiennent toutes les carrières du pays, n'ont jamais voulu s'engager à fournir un cube déterminé, tant les ressources des carrières leur paraissaient incertaines.

Plus tard, après une expérience suffisamment acquise de l'insuffisance des carrières de Pernay, une nouvelle commande de 600 mètres fut faite à Pontlevoy suivant un second marché du 11 juillet 1860.

Enfin, l'entrepreneur, après avoir essayé d'une exploitation directe en achetant du sieur Débois le droit d'exploiter sur son terrain suivant acte du 17 juillet 1860, après avoir fait venir des carriers de Poitiers, plus habitués à ce genre d'exploitation, acquit la certitude qu'il devait renoncer aux carrières de Pernay et concentrer les commandes sur Pontlevoy. A cet effet il fit, à la date du 2 novembre 1860, un marché complémentaire pour cette fourniture.

Ainsi, les pièces du projet indiquent comme origine de matériaux et prennent pour base du calcul des transports, une localité qui n'a pu fournir aucun des matériaux exigés.

Dans son mémoire en réponse, M. l'ingénieur Francfort fait cet aveu important :

« Tout ce que l'on peut conclure du mémoire de l'entrepreneur, c'est qu'en employant uniquement la pierre de Pontlevoy, il en résulterait pour lui non pas un plus grand bénéfice, mais une perte moindre. »

Bénéfice ou perte, peu importe, toujours est-il que la privation de Pernay a aggravé la situation de l'entrepreneur.

L'administration doit en être responsable, car c'est elle qui a désigné des carrières stériles, et a ainsi introduit dans le calcul des distances une provenance qui ne devait être qu'un leurre pour l'entrepreneur.

Il reste maintenant à répondre à une objection de compensation invoquée par M. Francfort.

L'aggravation de transport, dit-il, a été compensée par une exploitation plus facile des carrières de Pontlevoy. Le fait est éminemment contestable, puisqu'il résulte des traités communiqués par M. Driot, qu'il payait à Pontlevoy le même prix qu'à Pernay, 34 francs le mètre cube.

Enfin, il convient d'examiner le chiffre de la demande.

Le prix moyen aurait été de 16 fr. 80 c.

Le prix du transport de Pontlevoy à pied d'œuvre, est de 25 fr. 60 c.

La différence est de 8 fr. 80 c.

Cette différence, appliquée au cube total qui est de 2121^m,90, donne à porter au crédit de l'entreprise la somme de 18,672 fr. 72 c.

5e CHEF.

Sujétion pour pierre de taille faisant parpaing.

Un ordre de service, en date du 24 octobre 1859, prescrit à l'entrepreneur de faire le parapet en deux assises de 0^m,45 de hauteur et de 0^m,45 d'épaisseur avec *double parement*.

L'administration, dans son décompte, paye cette maçonnerie comme maçonnerie de pierre de taille.

L'entrepreneur prétend que cette maçonnerie de parpaings (pierre à double face) n'est pas celle prévue à l'art. 21 du devis et au n° 14 de la série.

Le motif qu'il invoque est celui-ci :

Les mains-d'œuvre de la pierre sont divisées en deux catégories :

La première, comprenant l'épannelage et la taille des lits, intéresse la fourniture au mètre cube ;

La seconde, comprenant la taille des parements, intéresse exclusivement le travail des surfaces extérieures.

Nous allons examiner les dispositions qui intéressent le cube, abstraction faite du parementage.

L'art. 21 du devis exige pour la pierre de taille, que les lits et joints soient taillés et dressés *jusqu'à 0m,20 de parement*, ce qui revient à dire, qu'à partir de cette limite la pierre peut avoir des démaigrissements, des épaufrures et flaches, sans qu'elle puisse être refusée.

Dans la maçonnerie prescrite par l'ordre de service, les lits doivent être taillés sur toute leur longueur; il ne peut y avoir ni démaigrissement ni flaches; ce sont des matériaux de choix, dont les conditions d'exécution sont bien supérieures à celles prescrites par l'art. 21 précité. L'administration a donc exigé plus que le devis ne portait, tant pour la taille des lits que pour la fourniture du cube.

M. Francfort objecte à cette demande que l'entrepreneur en devenant adjudicataire, savait qu'il aurait des parapets à faire et que dès lors il a dû se rendre compte. M. Driot ne le conteste pas, mais il ignorait que ces parapets seraient commandés en parpaings.

Un parapet peut être parfaitement fait en matériaux, à une seule pénétration, et M. Driot a dû d'autant plus le penser que ni le devis ni la série ne parlent de pierre de taille à *double parement*.

Enfin, l'administration a prétendu qu'en payant les deux parements, elle tenait compte du choix particulier qu'il faut faire pour obtenir dans la même masse deux dressements de 0m,20 à partir des parements. Bref, l'administration présente cette théorie, qu'en payant le parement on paye le choix de la pierre et la taille des lits.

C'est là une confusion entre le travail au mètre cube et le travail superficiel.

On peut concevoir de la maçonnerie de pierre de taille sans taille de parement vu avec un simple dégrossissage superficiel.

Dans ce cas, est-ce que les lits intérieurs n'en sont pas moins taillés jusqu'à 0m,20 du parement?

On voit donc que la taille des parements est tout à fait distincte du choix de la pierre et de la taille des lits, et que l'administration, en payant deux parements, ne paye pas tout ce qui lui est fourni.

Dans toutes les séries, il y a une distinction établie entre la maçonnerie de pierre de taille et la maçonnerie de pierre de taille faisant parpaing. Cette différence se traduit toujours par une plus-value au profit de cette dernière, qui exige, nous le répétons encore, des blocs plus choisis et des lits dressés sur toute la longueur de leur plan.

C'est pour cette aggravation de la fourniture et du travail que M. Driot réclame 10 francs par mètre cube. Soit pour un cube total de 806°,07, ci. . . . 8060 fr. 70 c.

6° CHEF.

Réclamations relatives aux maçonneries.

Les maçonneries sont l'objet des réclamations suivantes :

A. — *Pluies de 1860 considérées comme cas de force majeure.*

Nous avons démontré au 2e chef que l'entrepreneur avait droit d'être indemnisé des pertes éprouvées sur les terrassements par suite des pluies de 1860.

Il nous reste maintenant à généraliser le principe et à en faire l'application aux maçonneries.

Les conséquences des pluies de 1860 ont été :

1° Le changement d'extraction du sable;

2° L'aggravation des transports des matériaux propres aux maçonneries.

Examinons successivement les motifs et les chiffres de ces deux indemnités.

Le n° 1 de la série indique que le sable proviendra des grèves de la Loire ou du Cher.

Il est évident que cette indication d'origine signifie du sable pris *sur les grères* et chargé directement dans les tombereaux, l'entrepreneur profitant pour faire ses approvisionnements des eaux les plus basses.

En interprétant ainsi la série, l'entrepreneur ne faisait que suivre les habitudes consacrées à Tours et qui nous montrent les entrepreneurs faisant leurs approvisionnements de sable à l'aide de tombereaux chargés directement à la pelle comme nous l'avons dit.

Le prix de 1 fr. porté dans la série correspondait donc bien à la fourniture telle qu'elle est comprise et effectuée dans les années ordinaires.

Mais dans l'année 1860, l'entrepreneur a dû faire *draguer à la main* pour obtenir du sable. Ce dragage a constitué une aggravation de travail, puisque le prix de revient du sable ainsi dragué a été de :

Dragage.	1 fr. 00
Déchargement sur berge.	0 25
Chargement.	0 25
Transport à pied d'œuvre	1 00
Total	2 fr. 50
Prix d'analyse, rabais déduit	0 863
Différence.	1 fr. 637

Cette différence doit être allouée sans rabais et intégralement à l'entrepreneur, parce que le prix a été constitué à l'aide d'éléments autres que ceux du marché.

L'administration n'ignore pas que le sable employé était du sable dragué, puisqu'à la date du 27 décembre 1860 Driot reçut l'ordre de service suivant :

« Tours, 27 décembre 1860.

» Je viens vous donner l'ordre formel de faire *draguer* du sable pour la forme du blocage du chemin de halage. Si dans deux jours ce travail ne se fait pas, je demande l'autorisation de le faire en régie.

» *L'ingénieur ordinaire,*

« FRANCFORT. »

Cet ordre de service justifie pleinement la substitution du sable de rivière au sable des grèves, substitution dont l'entrepreneur se plaint.

Le sable employé s'élève à un cube de 12,000 mètres qui, multiplié par. 1,637   00
donne un produit total de 19,544

Quant aux transports à travers des chemins de terre détrempés, leur aggravation n'est pas douteuse.

La distance moyenne parcourue est de 10 kilomètres.

Nous admettons un supplément de traction de 1 fr. par mètre cube, soit 0 fr. 10 par kilomètre (1).

Et pour 23,700 mètres venant des carrières des Brosses, de Notre-Dame-Doé et d'Esvres, ayant fait un parcours moyen de 10 kilomètres . . . . 23,700 fr.

B. — *Concordat de salaire intervenu entre les ouvriers maçons et les entrepreneurs de Tours.*

En pleine exécution des travaux, c'est-à-dire au mois d'avril 1860, les ouvriers maçons se mirent en grève pour obtenir une augmentation de salaire.

Il y avait deux voies à prendre.

Résister à la grève par les moyens légaux et même par la suspension de l'atelier, ou bien s'abandonner aux prétentions des ouvriers et donner satisfaction à leur coalition.

C'est ce dernier parti qui fut pris, ainsi que le prouve le document suivant :

« *Du registre des conciliations opérées devant le Conseil des prud'hommes de l'arrondissement de Tours (Indre-et-Loire), audience du 16 mai 1860,*

(1) Le mètre cube pèse 1500 kilos environ, c'est 7 centimes par tonne environ.

» *Il résulte :*

» *Que par suite d'une grève provenant du fait des ouvriers tailleurs de pierre et maçons,*

» *Messieurs les entrepreneurs et leurs ouvriers se sont présentés devant le Conseil des prudhommes de Tours, et là, d'un commun accord entre eux, ont établi des prix de salaire comme suit, savoir :*

» *Qu'à partir de ce jour 16 mai 1860, les ouvriers tailleurs de pierre qui recevraient trois francs par jour de douze heures recevraient trois francs soixante centimes, que les ouvriers maçons qui recevraient trois francs par journée de douze heures recevraient trois francs vingt-cinq centimes.*

» *Pour extrait conforme délivré par le greffier du Conseil des prud'hommes de Tours.*

» Tours, le 8 mai 1862.

» *Signé* BAILLOU. »

On doit se demander si un concordat de cette nature est bien dans les attributions du Conseil des prudhommes, et si au lieu de faire de la conciliation on n'est pas arrivé à consacrer la grève.

L'art. 6 de la loi de 1806 dit en effet « que le Conseil des prud'hommes est institué pour terminer par voie de conciliation les *petits différends* qui s'élèvent *journellement*, soit entre des fabricants et des ouvriers, soit entre des chefs d'ateliers et des compagnons ou apprentis. »

La définition de cette compétence en matière de conciliation est encore donnée par l'art. 10 du décret de 1810.

On voit le bureau des prud'hommes ayant la mission de concilier et de juger les différends individuels, ou les contestations intéressant une fabrique.

Dans les espèces qui sont démonstratives de cette compétence, il y a toujours une difficulté précise actuelle à résoudre, un demandeur et un défendeur en présence.

Mais jamais les prud'hommes n'ont été armés du droit d'intervenir comme pondérateurs dans une grève, de recevoir la prétention collec-

5

tive des ouvriers, et de la consacrer par un acte de conciliation judiciaire qui n'est au fond qu'un concordat obligatoire à l'avenir pour tous les patrons de la ville de Tours.

Ce n'était donc pas un différend ordinaire qui s'agitait le 16 mai devant le bureau des prud'hommes de Tours, c'était une véritable délibération entre deux corporations, délibération présidée par les prud'hommes et dans laquelle allait se décider le sort de l'entreprise des travaux de défense de la ville de Tours.

Cette étrange assemblée, si considérable dans son but, puisqu'il s'agissait des conditions économiques du travail, aurait-elle pu se tenir si l'administration n'avait pas indiqué et tracé cette issue, si elle n'avait pas sollicité l'intervention des prud'hommes comme conciliateurs en dehors de toute compétence judiciaire, non pour tenir bureau et rendre jugement, mais pour décréter un minimum de salaire.

Le sentiment de la sécurité publique, le désir de voir se résoudre par un contrat quelconque une question aussi délicate que celle du salaire, a été le mobile de l'administration. Mais elle a certainement oublié dans ces circonstances que ce concordat était une atteinte aux prévisions du marché des quais de Tours, prévisions basées sur des salaires *conventionnels* que l'entrepreneur avait antérieurement acceptés comme éléments de l'adjudication, le contrat d'entreprise n'étant qu'un contrat de prestation de travail.

Cette intervention de l'administration au nom de la police, ce contrat collectif formé sous son influence entre les patrons et les ouvriers, cette fixation par conciliation judiciaire d'une chose mobile et variable comme le salaire, comme la valeur du travail, est venu tout à la fois renverser les prévisions de Driot, et donner à l'administration un rôle antagoniste à son rôle de stipulateur dans l'adjudication du 10 septembre.

Lorsque Driot se rendit adjudicataire, il comptait, il devait compter sur une grande liberté dans la discussion des salaires et sur la protection dont il serait entouré dans l'exercice de ce droit.

Entrepreneur déjà ancien à Tours, connaissant les ressources du pays, il a pu savoir mieux que des entrepreneurs étrangers, quelle serait la valeur de la main-d'œuvre (1). Mais ses calculs ont pris pour point de départ la parfaite indépendance de son offre du salaire, la répression de toute coalition chez les ouvriers, et enfin et surtout l'absence d'autorité judiciaire qu'aurait une demande de hausse si elle se produisait. C'est ce qui n'a pas eu lieu.

L'entrepreneur s'est trouvé tout à coup en présence d'un décret de salaire qui mettait un obstacle à toutes les éventualités de baisse qui peuvent, jusqu'à concurrence, entrer dans les combinaisons d'un entrepreneur, décret qui, sous la forme d'un contrat judiciaire, enlevait à Driot son initiative personnelle sur le salaire de ses chantiers, et le privait ainsi des combinaisons qui avaient motivé son rabais.

La conciliation judiciaire du 16 mai 1860 a été substituée à la liberté industrielle qui avait été le principe et la garantie de l'adjudication du 10 septembre 1859.

Mais maintenant si l'on examine le rôle de l'administration qui intervient dans ce conflit entre les patrons et les ouvriers, et le fait aboutir au concordat de 1860, on reconnaîtra que cette intervention est destructive de son marché du 10 septembre 1860, que l'administration en a modifié elle-même les éléments organiques, c'est-à-dire les salaires conventionnels, et que si le salaire de l'exécution n'a plus été le salaire des prévisions, la cause en remonte jusqu'à elle.

Le maintien des prix de l'adjudication du 10 septembre ne pouvait être obtenu qu'à l'aide de la *résistance* à la grève, pour laisser au marché de salaire le temps de prendre librement son cours.

C'était là la protection que Driot était en droit d'attendre.

C'est, en effet, ce qu'il espérait, lorsque le 1er mai 1860 M. le com-

---

(1) Il est à remarquer que tous les entrepreneurs de Tours ont partagé les opinions de M. Driot, puisque leurs rabais ont été :

Pour MM. Monjallon frères, à Tours	21 fr. »	pour 100.
Marchand (Jean) et Lebrun (Henri), de Tours.	20 50	—
Driot (Nicolas), entrepreneur à Tours.	21 »	—
Couvert, Vedie Patagon et Liret, à Tours.	21 50	—
Coiseau (Jean) et Thureau (Louis), à Tours.	23 «	—
Genève Léon et Guinot (Charles), id.	23 »	—
Lecante, Massoteau et Verjat, à Vouvray.	23 »	—
Gingcet (Louis) et Marchand (Joseph), à Tours.	21 »	—

missaire central signalait la grève à M. le préfet, à M. le procureur impérial, à M. le maire de la ville. Même avertissement était donné le 7 mai, et ce même jour tous les faits étaient portés à la connaissance de M. le procureur impérial.

Ainsi l'administration était saisie, elle allait par son attitude restituer l'indépendance à son entrepreneur, ou préparer sa ruine, parce que céder, transiger, consacrer l'augmentation demandée, c'était sacrifier l'adjudication à la crise ouvrière.

C'est ce qui a été malheureusement consommé dans cet acte de conciliation qui emprunte à sa nature collective et générale tous les caractères d'un concordat.

Véritable contrat de minimum de salaire, contrat auquel Driot n'a pas participé et auquel il doit néanmoins se soumettre, contrat qui fait disparaître jusqu'aux traces du consentement de l'adjudicataire, consentement et acceptation qui s'étaient traduits par le rabais.

Dès le jour de ce concordat, il n'y a plus d'entreprise responsable, parce que le régime des salaires est impératif, une sorte de minimum exécutoire pèse comme un contrat judiciaire sur l'entrepreneur et le mène forcément à sa ruine.

Ce régime de salaires *impératifs*, substitué au régime des salaires *libres*, nous savons maintenant à qui il est dû.

Il ne reste plus qu'à mesurer l'étendue du préjudice.

La différence qui existe entre ces prix obligatoires et les prix du marché se compose de deux éléments :

1° L'augmentation de 17 pour 100 exigée par les maçons et celle de 9 pour 100 obtenue par les manœuvres ;

2° Le rabais de l'entreprise.

Cette différence totale constitue le préjudice éprouvé par Driot et dont l'administration doit l'indemniser.

Tableau des augmentations accordées aux ouvriers sur les prix indiqués à la série.

	CUBES.			PRIX DE LA MAIN D'ŒUVRE.	PRODUITS	
	TOTAUX EXÉCUTÉS.	AVANT LA GRÈVE.	APRÈS LA GRÈVE.		DE L'AUGMEN-TATION DE 9 P. 100.	DE L'AUGMEN-TATION DE 17 P. 100.
	m.	m.	m.	Fr.	Fr.	Fr.
Maçonneries ordinaires et béton avec toutes fournitures.	30618,79	3953,57	26695,22	1,13	33,171,16	» »
Maçonneries ordinaires et béton sans fournitures......	337,65	» »	337,65	1,13	482,83	» »
Maçonneries de pierres de taille neuves et vieilles 2073m01+128m33+18m89.	2250,13	126,60	2121,83	7,82	» »	16,616,32
Superficie de parements vus de moellons tétués	9095,85	1800,00	7295,85	4,36	» »	31,809,90
Superficie de parements vus de taille unie de pierre de taille...............	9577,39	1678,60	7898,79	5,30	» »	41,863,58
Superficie de parements vus de taille de plinthe ronde.	717,92	» »	717,92	8,50	» »	6,102,32
Superficie de parements vus de ragréments et rejointements............	8500,00	» »	8500,00	0,69	» »	5,865,00
Cubes d'enrochement avec toutes fournitures........	5700,00	» »	5700,51	0,80	4,560,13	» »
Cubes d'enrochement pour façon seulement...........	1317,66	» »	1317,66	0,80	1,078,12	» »
Réglement de surfaces d'enrochement......	3119,66	» »	3119,66	0,10	1,217,86	» »
Superficie de perrés à pierre sèche,..........	1201,76	» »	1201,76	0,57	686,71	» »
Superficie de pavages maçonnés, toutes fournitures ...	6911,57	» »	6911,57	0,978	6,762,41	» »
Superficie de pavages maçonnés sans fournitures de pavés	272,59	» »	272,59	0,978	266,59	» »
Linéaires de bordures de trottoirs de 0,50 de queue pour fourniture	1590,53	1075,00	515,53	3,18	» »	1,639,38
de 0,50 de queue pour pose	1590,53	» »	1590,53	0,60	» »	931,31
de 0,30 de queue pour fourniture...............	126,56	126,56	» »	» »	» »	» »
de 0,18 d'épaisseur et 0,50 de queue, pose et fourniture.	126,88	» »	126,88	3,01	» »	385,71
de 0,5 d'épaisseur et 0,50 de queue, pose et fourniture..........	61,50	» »	61,50	3,01	» »	186,96
de 0,18 d'épaisseur pour pose seulement.......	1116,69	» »	1116,69	0,50	» »	558,34
Superficie de réfection de pavages en pavés d'échantillon	7509,32	» »	7509,32	0,37	2,778,81	» »
Superficie de pavages en pavés de blocage............	1623,42	» »	1623,42	0,285	462,67	» »
					56,500,65	105,981,82
A ajouter 1/15 de faux frais et bénéfices.....					3,175,09	15,897,27
					61,975,74	121,879,09

61,975 fr. 74 augmentés de 9 0/0 donnent........ 5,817,91

111,879 09 — de 17 0/0 donnent........ 20,709,11

26,557,35

A ajouter 1/15..... 3,983,60

30,510,95

On peut se demander quelles sont la nature et l'importance des travaux qui doivent être dégrevés du rabais. Il est évident que ce sont les travaux qui ont été atteints par cette convention entre les patrons et les ouvriers, et qui étaient soumis à des prix maximum sans variation, sans fluctuation possible.

La lecture du document émané du Conseil des prud'hommes nous montre que le concordat est intervenu au profit des ouvriers tailleurs de pierre et des ouvriers maçons. Ce qui revient à dire que le salaire de l'ouvrier carrier et de l'ébaucheur en carrières, aussi bien que celui du maçon, a bénéficié de cette hausse.

Ainsi, les maçonneries, soit comme fournitures, soit comme main-d'œuvre de pose, ont été affectées dans les prix originaires du marché. Dès lors, il devient facile de déterminer la masse de travaux à dégrever du rabais, puisque c'est celle dans laquelle les ouvriers désignés dans le concordat jouent un rôle exclusif.

Dans cette situation, la masse à dégrever du rabais se compose de :

	CUBES			PRIX DE L'UNITÉ	SOMMES	
	TOTAUX EXÉCUTÉS	AVANT LA GRÈVE	APRÈS LA GRÈVE		PARTIELLES	TOTAUX
§ 2. — Maçonneries.	m	m	m	Fr.	Fr.	
Cubes de maçonneries de béton pour fondation..........	1871,11	»	1871,11	17,01	31,910,16	
— de moellons bruts.....	29771,35	3953,57	21820,78	17,01	422,201,16	
— de moellons sans fournitures de pierre..... ...	337,65	»	337,65	8.15	2,751,85	
— de pierre de taille neuve	2073,01	125,60	1947,11	77,70	151,213,75	
— de pierre de taille neuve sans fourniture de pierre .	128,55	»	128,55	10,66	1,370,31	
— de pierre de taille neuve sans fourniture de mortier.	48,89	»	48,89	75,10	3,671,61	
Superficiels de parements vus de moellons tétués......	9093,85	1800,00	7293,85	5,06	36,917,00	712,930,98
— de taille de pierre de taille unie.............	9577,39	1678,60	7898,79	6,10	48,182,61	
— de taille de pierre de taille unie avec moulure ..	717,92	»	717,92	10,00	7,179,20	
— de ragréments et rejointements de pierre de taille	8500,07	»	8500,07	0,97	7,395,06	
— de rejointements de moellons tétués...........	16,20	»	16,20	0,47	7,61	
§ 3. — Perrés et pavages maçonnés. Enrochements perrés à pierre sèche, etc.						
Cubes d'enrochement à pierres perdues sous l'eau.	5700,51	»	5700,51	6,67	38,022,60	
Cubes de moellons bruts pour enrochement, fournitures seulement	101,88	»	101,88	5,50	560,34	
Cubes d'enrochement à compter pour échouage seulement	1347,11	»	1347,11	0,92	1,239,31	
Superficiels de règlement de surface d'enrochement....	3119,66	»	3119,66	0,46	1,435,04	78,078,33
Superficiels de perrés à pierres sèches.............	1204,76	»	1204,76	3,19	3,843,18	
Superficiels de pavages maçonnés en pavés de blocage de la membrule de 0,25 de queue	6944,57	»	6944,57	4,655	32,187,32	
Superficiels de pavages maçonnés sans fourniture de pavés.................	272,59	»	272,59	2,90	790,51	
§ 5. — Chaussées et caniveaux pavés.						
Linéaires de bordures de trottoirs : de 0,50 de queue..	1590,53	1075,00	515,53	14,50	7,475,18	
de 0,18 d'épais. et 0,50 de q.	126,88	»	126,88	11,50	1,459,12	
de 0,15 d'épais. et 0,50 de q.	61,50	»	61,50	10,50	615,75	19,289,61
Superficie de pavage pour caniveaux et chaussées.	7509,32	»	7509,32	0,70	5,256,52	
Superficie de pavage de blocage sur terrain naturel...	1623,12	»	1623,12	2,743	4,453,04	
						810,298,92
Dont le rabais de 0,25 est de.........						202,574,73

En réponse à cette demande de réparation du préjudice causé par le concordat du 16 mai 1860, M. l'ingénieur Francfort oppose l'art. 39 des clauses et conditions générales ainsi conçu :

« Si, pendant le cours de l'entreprise, les prix subissaient une aug-
» mentation *notable*, le marché pourra être résilié sur la demande qui
» en sera faite par l'entrepreneur ;

» En cas de diminution notable, la résiliation pourra également être
» prononcée, à moins que l'entrepreneur n'accepte les modifications qui
» lui seraient prescrites par l'administration. »

En présence de l'augmentation de salaire qu'il signale, dit M. Francfort, l'entrepreneur avait la faculté de demander la résiliation de son marché. Il ne l'a pas fait. Dès lors, il a librement accepté la charge dont il pouvait s'exonérer.

Cette fin de non-recevoir, opposée à la demande de l'entrepreneur, est le résultat d'un examen incomplet de l'art. 39 invoqué.

On voit en effet dans les paragraphes ci-dessus transcrits la réserve d'une faculté RÉCIPROQUE de se dégager du contrat, soit dans le cas d'AUGMENTATION, soit dans le cas de DIMINUTION des salaires.

La stipulation de cette faculté au profit de l'entrepreneur et de l'administration n'a d'autre but que d'affranchir l'un et l'autre des pertes provenant soit d'une augmentation *notable*, soit d'une diminution *notable* de la main-d'œuvre.

Le contrat n'est stable que dans certaines limites des variations du salaire.

Cette disposition si spéciale a pour effet de faire disparaître des marchés de travaux publics tout caractère aléatoire et de l'envelopper de résiliabilité pour protéger les prévisions qui lui ont servi de base.

A ce point de vue, on comprend que pour donner ouverture à résiliation, il faille, d'une part, que l'augmentation ou la diminution soit NOTABLE, c'est-à-dire hors de toute proportion avec des variations normales, et d'autre part, que le fait qui donne lieu à cette augmentation ou à cette diminution soit un événement imprévu, inévitable, et s'impose entre l'administration et son entrepreneur.

Sans ce caractère d'événement irrésistible, d'imposition supérieure, il n'y a pas matière à résiliation.

Car c'est chose grave que cette résiliation du contrat, et le Conseil d'État n'en affranchit l'entrepreneur ou l'administration que quand les deux conditions signalées sont très énergiquement en relief, c'est-à-dire quand l'augmentation est *notable*, et que, de plus, elle est le résultat d'un événement *imprévu*.

Mais cette irresponsabilité peut-elle être prononcée lorsque la hausse est le résultat d'une transaction, d'une stipulation qu'il était du devoir de l'administration de ne pas abriter, de ne pas provoquer.

Ce n'est pas là un cas de force majeure, c'est une compromission collective qui fait remonter jusqu'à l'administration le reproche d'avoir, dans ces circonstances, trop facilement mis en oubli les prix conventionnels stipulés dans la série du 14 décembre 1858, série à laquelle M. Driot était enchaîné.

L'impeccabilité de l'administration au point de vue du respect des conventions du 10 septembre 1859, est donc loin d'être manifeste, puisque son devoir était de concourir au maintien de la liberté du marché de salaire et d'empêcher à tout prix qu'on substituât à cette liberté des salaires impératifs.

Ce serait méconnaître tous les principes en matière de responsabilité que d'admettre qu'après avoir enfreint tous ses devoirs comme contractant l'administration pourrait s'abriter avec succès derrière une fin de non-recevoir réservée uniquement aux cas de force majeure.

Où est donc le cas de force majeure ?

La grève des ouvriers ne pouvait-elle être sinon réprimée au moins laissée à la discussion individuelle et non organisée de ses intérêts et de ses prétentions ?

L'administration ne pouvait-elle se dispenser de constituer les patrons et les ouvriers à l'état de corps délibérants sous la présidence du Conseil des prud'hommes ?

Enfin, ne peut-on concevoir cette présidence de conciliation sans la rédaction de cette charte de salaire qui a été le triomphe de la hausse

6

et l'anéantissement du contrat d'entreprise, charte remise aux mains des ouvriers qui en ont exigé la rigoureuse application sur tous les chantiers de Tours?

Cet enchaînement de faits dans lesquels de concessions en concessions on a assuré le succès de la grève, n'a pas le caractère d'un événement supérieur, irrésistible, qui détermine le cas d'application de l'art. 39 des clauses.

La grève pouvait se produire, mais on devait supposer que l'administration, impassible et pleine du souvenir du marché passé avec Driot, ne conseillerait aucune mesure propre à consacrer les prétentions des ouvriers.

Qui peut affirmer que sans ce concordat signé dans le bureau des prud'hommes, le salaire, après une crise, ne serait pas rentré dans les limites des prix du marché?

Qui peut affirmer, enfin, que la grève, abandonnée à elle-même, ne se serait pas épuisée, la raison, le bon sens, succédant presque toujours à ces mouvements des intérêts trop souvent aveugles?

La conciliation judiciaire du 16 mai a peut-être empêché ce retour, et c'est là surtout que, dépouillée de tout caractère d'un événement imprévu, elle se présente comme un acte attentatoire aux stipulations de l'adjudication, qui découvre l'administration, et l'empêche d'invoquer avec succès la fin de non-recevoir tirée de l'art. 39 des clauses.

Ce point établi, examinons plus spécialement l'objection présentée.

L'augmentation de la main-d'œuvre, dont Driot fait grief à l'administration, était-elle assez NOTABLE pour justifier la résiliabilité du marché?

Ne pouvait-il résulter de l'examen de cette augmentation que, bien que très préjudiciable à l'entreprise, néanmoins ce préjudice n'était pas assez fort pour autoriser l'affranchissement des conditions du marché, affranchissement qui a lieu par voie de résiliation gracieuse?

Et qu'on ne l'oublie pas, les clauses et conditions générales n'ont pas précisé le coefficient d'augmentation qui détermine le moment de la résiliabilité, elles laissent ce soin à l'appréciation du juge.

Si, sur ce point, nous consultons la jurisprudence, nous voyons que le Conseil général des ponts et chaussées ainsi que l'administration, ont considéré comme *notable* une augmentation de 25 pour 100 (26 novembre 1857); mais qui nous dit que l'augmentation de 9 et de 17 pour 100 dont se plaint Driot avait ce caractère de notabilité propre à donner ouverture à la résiliation?

Et si le juge du contentieux n'avait pas reconnu cette notabilité, Driot, bien que victime du concordat de salaire, aurait dû le subir sans aucune compensation!

Driot a sagement apprécié les faits en ne cherchant pas son salut dans l'art. 39 des clauses et conditions générales; d'ailleurs cet article est applicable à d'autres circonstances, et nous allons le démontrer.

La résiliation que l'on reproche à Driot de n'avoir pas demandée est considérée par l'art. 39 précité comme une *faveur*.

C'est une exonération *gracieuse* des conditions dures mais légales du marché.

Cette résiliation ne donne à l'entrepreneur le droit de demander ni la reprise du matériel, ni le payement des installations, ni une indemnité pour les quantités non exécutées.

Or, au jour du concordat de salaire, époque à laquelle a eu lieu l'augmentation, voici quelle était la situation de Driot.

L'approbation ministérielle de l'adjudication est du 24 septembre, et sans tenir compte de la saison avancée de l'année, les ingénieurs, à la date du 29 du même mois, prescrivirent à l'entrepreneur d'ouvrir immédiatement les fondations.

Ce travail ne pouvait se faire qu'en démolissant les perrés et la banquette couronnant les quais, c'est-à-dire en exposant temporairement la ville à tous les dangers d'une inondation, si elle se manifestait. Pour parer à ces éventualités, l'entrepreneur fut l'objet d'ordres de service et d'arrêtés de mise en demeure qui lui prescrivaient une vitesse d'exécution inspirée par cette situation.

Ainsi, à la date du 25 octobre M. le préfet d'Indre-et-Loire le met en demeure d'approvisionner chaque jour, à partir du 5 novembre,

100 mètres cubes de moellons pour maçonnerie de remplissage, et 30 mètres superficiels de moellons pour parements.

L'entrepreneur n'avait donc eu qu'un mois pour ouvrir les carrières, les exploiter, faire faire le moellon et l'amener sur les chantiers.

Or, 100 mètres cubes par jour, avec un transport de 8 kilomètres, exigent l'emploi de cent voitures à un cheval.

30 mètres superficiels correspondent à 10 mètres cubes, ce qui donne encore l'emploi de dix voitures.

Mais ce n'est pas tout.

A la date du 12 novembre 1859 M. le Préfet prit un second arrêté qui, en confirmant les cubes des approvisionnements quotidiens, mentionnés dans l'arrêté du 25 octobre, portait en outre à vingt le nombre de mètres cubes de pierre de taille à fournir par jour.

Cet approvisionnement qui avait 9 kilomètres à parcourir en voiture exigeait l'emploi de vingt-huit voitures au moins.

Ainsi, les exigences de l'administration ont porté à cent trente-huit voitures la dépense de matériel acheté ou loué par Driot.

De plus, pour satisfaire à ces énormes approvisionnements, l'entrepreneur a dû multiplier ses carrières et porter leur nombre jusqu'à dix, chaque carrière ayant son installation.

Enfin, les matériaux n'étaient pas le seul point des travaux où Driot faisait des dépenses considérables pour répondre aux besoins de l'administration.

Pendant les mois d'octobre, de novembre, de décembre et jusqu'au 20 janvier, il a eu des ateliers de nuit employés aux fouilles et aux maçonneries, acceptant ainsi la charge du travail de nuit toujours plus cher que le travail de jour, pour parer aux éventualités que l'attaque du travail dans la saison des inondations faisait courir à la ville. En résumé, soit en dépense de matériel, soit en acquisition de chevaux et installation d'écuries, soit en attaques simultanées de nombreuses carrières, soit en organisation de chantiers de nuit, Driot avait fait des dépenses considérables qui ne lui auraient été ni reprises ni remboursées, s'il avait, aux termes de l'art. 39 des clauses et conditions générales, demandé sa résiliation comme une FAVEUR, comme une EXONÉRATION.

Cette résiliation le conduisait directement au sacrifice de toutes ses dépenses, de toutes ses installations qui ne lui auraient pas été remboursées.

C'était sa ruine.

L'administration ne peut avoir ce double avantage d'une part, d'obtenir le maintien et la consécration des salaires conventionnels insérés dans son marché du 24 septembre 1859, en offrant une résiliation ruineuse, d'autre part d'avoir, sans aucune responsabilité, protégé et fait aboutir le concordat du 10 mai 1860 destructif de ces mêmes prix conventionnels.

Non, ce n'est pas cette faveur dérisoire que l'entrepreneur devait solliciter de l'administration. Ce qu'il réclame, c'est la réparation du préjudice qui lui a été causé; réparation pour laquelle il invoque les art. 1382, 1383 et 1384 du Code civil.

Mais, dira-t-on, peut-être cette demande de réparation est tardive, et Driot aurait dû la produire en cours de travaux. Constatons d'abord que cette tardivité ne constitue pas une déchéance au point de vue général du droit invoqué et ensuite expliquons le fait de cette tardivité.

Driot s'était bien rendu compte de l'augmentation de salaire qu'il subissait, mais tant qu'il la croyait due au mouvement naturel de hausse, il n'avait pas le droit de s'en plaindre parce qu'il pourrait compter aussi sur un mouvement de baisse.

Il ignorait que ses propres ouvriers étaient armés d'une convention judiciaire qui formait un obstacle invincible à tout retour à des prix moins onéreux pour lui et que le taux du salaire était décrété sur ses chantiers.

Il ignorait surtout quel rôle l'administration avait eu dans la formation de ce concordat, rôle qui ne lui a été réellement révélé que le 16 mai 1862, date de l'extrait qui lui a été délivré par le greffe du Conseil des prud'hommes de Tours.

Pourquoi donc l'administration ne lui a-t-elle pas notifié le procès-verbal du bureau des prud'hommes et ne l'a-t-elle pas mis ainsi en deineure de choisir entre la résiliation ou la continuation des travaux avec des salaires impératifs? Alors elle pourrait se faire une arme de la tardivité de la demande.

Telle est la réponse de l'entrepreneur à la fin de non-recevoir présentée par l'administration et puisée dans l'art. 39 des clauses et conditions générales.

En résumé, Driot réclame de ce chef :

1° Prix du sable	19,544 fr.	00
2° Plus-value pour transport	23,700	00
3° Augmentation du salaire	30,632	29
4° Dégrèvement du rabais.	202,574	73
Total.	276,451 fr.	02

7° CHEF.
Cube en excès dans les maçonneries.

L'article 7 du devis stipule que les dessins des fouilles dont les cotes sont précises détermineront aussi bien le cube des fouilles que celui des maçonneries.

Mais on comprend que cette rigueur mathématique ne peut être appliquée à des fouilles exécutées dans des falaises fluentes, détrempées, soumises à des dragages et à des épuisements, travaux qui tendaient à déformer la section du plan et qui nécessitaient l'emploi de maçonneries de béton pour combler les vides.

Nous retrouvons encore dans cette question la fatale présence de l'eau qui s'opposait à ce que l'entrepreneur tint sa fouille dans la limite exacte et circonscrite du dessin.

En cours d'exécution, l'entrepreneur signala à l'ingénieur l'existence de ces cubes en excès et le pria d'en prendre attachement. L'ingénieur le fit. Il fit plus, il promit à l'entrepreneur de prendre en considération les circonstances qui le forçaient à outre-passer les limites du dessin et d'appuyer favorablement près de l'administration la demande qui serait faite du payement de ce cube, si celui-ci n'atteignait pas des limites qui révélassent de la négligence ou un calcul.

M. Francfort a parfaitement tenu tout ce qu'il avait promis. Il apostille favorablement la demande de l'entrepreneur et, de plus, il fait remarquer que l'excédant réclamé se trouve dans une proportion conforme à la nature des choses.

L'entrepreneur demande donc que l'on porte à son crédit la somme de . . . .   3,330 fr. 89

8ᵉ, 9ᵉ ET 10ᵉ CHEFS.

Avaries provenant de la vitesse d'exécution.

Ces trois chefs qui procèdent de la même cause figurent dans les réserves pour les sommes suivantes :

1° Réfection des rejointoiements dégradés par les crues de 1860 et 1861. . . . .   2,056 fr. 00

2° Réfection du gobetage du parement coté des terres dégradé par la gelée. . . . .   2,386 . 77

3° Chaux avariée par la gelée. 3,881 25

Total. . . . .   8,324 fr. 02

Expliquons-nous d'abord sur les faits qui motivent ces réclamations.

L'ordre de service de commencer les perrés est du 1ᵉ août 1860; mais à cette époque la Loire était assez haute et ne permettait pas de fonder les perrés à 0ᵐ,80 au-dessus de l'étiage.

En présence de cette persistance, M. Francfort, par un ordre de service en date du 8 octobre 1860, autorise la fondation à 1ᵐ,50 au-dessus de l'étiage.

Le 20 octobre il autorise le travail du dimanche pour activer l'achèvement.

Ces perrés ne furent terminés que vers le 7 décembre, mais à cette époque, les crues sont arrivées sur cette maçonnerie encore fraîche et, la gelée succédant à ces crues, le mortier est tombé.

Il est manifeste que si ces perrés n'avaient pas été faits à une époque où toutes les maçonneries sont généralement suspendues, l'entrepreneur n'aurait pas eu à supporter la perte de ce premier rejointoiement.

Mais le désir, le besoin de l'administration était d'obtenir à tout prix l'achèvement du travail.

Le gobetage du parement des terres a été fait également en décembre, mauvaise époque à cause des gelées contre lesquelles l'entrepreneur ne pouvait se prémunir.

Les maçonneries étaient trop fraîches pour recevoir la poussée du remblai, les surfaces étaient trop développées pour être recouvertes de paillassons.

Les gelées ont détruit ce gobetage comme elles ont avarié la chaux qui est réclamée, chaux éteinte et surprise dans les bassins.

Ainsi, il est établi que ces pertes dont attachement a été pris sur la demande de l'entrepreneur proviennent du fait de l'exécution des travaux en mauvaise saison. Ce qui revient à dire que l'administration a imprimé une vitesse d'exécution non prévue au marché, vitesse qui ne comportait même pas d'arrêt dans la mauvaise saison et dont les conséquences préjudiciables ne peuvent rester à la charge de Driot. C'est ce que nous allons établir.

Les travaux des quais de Tours avaient un caractère pressant d'utilité publique qui avait tellement dominé les résolutions de l'administration lors de la rédaction des projets, qu'elle avait omis de fixer, dans le devis, les détails d'exécution.

Voici ce que nous lisons dans l'article 29 du devis :

« L'entrepreneur commencera l'exécution des travaux dépendant de » son adjudication aussitôt qu'il en recevra l'ordre, et il devra y apporter » l'activité nécessaire pour la terminer dans le délai PRESCRIT. »

Or, aucune disposition du devis ne fixe la période d'exécution. C'était pour l'entrepreneur une situation extrêmement défavorable que de ne pouvoir apprécier la vitesse qu'il devait imprimer à ses chantiers, et de ne pas trouver dans une stipulation formelle une garantie contre une exécution trop rapide que l'administration pourrait vouloir exiger.

Jamais l'administration n'a notifié à l'entrepreneur, à l'origine de chaque campagne, les crédits affectés aux travaux à exécuter dans cette période. C'est ce qui aurait dû être fait, soit pour les trois mois de 1859, soit pour la campagne de 1860, soit enfin pour celle de 1861.

Ce n'est que par l'arrêté de mise en demeure du 25 octobre 1859 que Driot a été averti en premier lieu qu'il avait à dépenser 200 000 francs dans l'année 1859, et en second lieu que l'administration, sans se préoccuper ni de la saison de l'année, ni des ressources et combinaisons de l'entrepreneur, fixait les approvisionnements à 100 mètres cubes de moellons ordinaires par jour, 30 mètres superficiels de moellons de parement et à 20 mètres cubes de pierre de taille.

Plus tard, par l'arrêté du 12 novembre 1850, ces rigueurs ont été modifiées et la vitesse d'exécution exigée par l'administration a été fixée à une dépense quotidienne de 2000 francs, vitesse qui aurait permis d'achever les travaux en 250 jours de travail.

On voit, par ces exigences, que l'administration n'obéissait qu'à un sentiment, celui de mettre la ville en état de défense. Elle n'ignorait pas qu'elle s'engageait dans une voie de rapidité et d'ingérence dans laquelle la nature délicate des stipulations du marché était certainement sacrifiée à la sécurité publique. Mais l'administration se réservait, nous n'en doutons pas, de réparer ce que cette transgression des conventions pouvait causer de perte au sieur Driot.

Aussi, lorsqu'au commencement de la campagne de 1860 l'administration ne fit pas connaître à l'entrepreneur le crédit disponible, celui-ci ne s'en préoccupa pas, il ne songea qu'à une chose, s'associer aux intentions de l'administration, la seconder dans les limites du possible pour arriver promptement à protéger la ville contre le retour des désastres qui avaient inspiré les travaux exécutés.

Driot savait bien que s'il donnait aux ingénieurs la preuve éclatante

7.

du désir qui l'animait et que s'il atteignait le but à une époque plus rapprochée que celle qui était dans les prévisions de tous, il recueillerait tout à la fois la bienveillance de l'administration et des droits à un règlement compensateur des sacrifices qu'il s'imposait.

Son but a été atteint malgré les pluies et les grèves qui ont signalé l'année 1860. Au mois de décembre, les quais étaient montés presque partout, à la hauteur de la plinthe, et l'on peut dire qu'à ce moment la ville de Tours était en possession du système de défense imaginé.

Ce résultat est dû uniquement à une vitesse d'exécution qui n'a permis de tenir compte ni de la saison de l'année, ni des précautions les plus vulgaires employées dans les maçonneries.

C'est dans ces conditions que Driot a eu à supporter les trois avaries signalées dans ce chef.

A ces demandes, l'administration répond par des fins de non-recevoir.

Pour le rejointoiement et le gobetage, elle invoque le § 2 de l'art. 32 du devis, qui met à la charge de l'entrepreneur les dégradations provenant des gelées jusqu'à l'expiration du délai de garantie.

Cette disposition existe en effet, mais pour qu'elle soit applicable, il faut que l'entrepreneur ait été libre de régler ses travaux suivant l'ordre des saisons.

La responsabilité à laquelle il est soumis a pour corollaire cet ordre nécessaire des travaux.

Or, il est évident que l'administration a voulu l'exécution des travaux en dehors de toutes les conditions ordinaires de prudence.

Ceci est si vrai que les ingénieurs, au nom de l'équité, dans leur réponse aux réserves, avaient admis cette double réfection des rejointoiements et du gobetage.

Cette admission prouvait que le fait de l'exécution de ces travaux en mauvaise saison, s'opposait à l'application du § 2 de l'article 32 précité. L'équité dans ces circonstances de sécurité publique n'est pas séparable du droit.

Quant à la chaux, les ingénieurs invoquent l'imprévoyance de l'entrepreneur, qui n'a pas suffisamment abrité son approvisionnement.

La réclamation a été mal interprétée.

L'entrepreneur ne réclame pas pour la chaux en magasin qui, bien abritée, n'a eu rien à souffrir; mais il demande le prix de la chaux éteinte restée pendant le jour dans les bassins exposée à la gelée et qui a été perdue.

Évidemment, si l'on n'avait pas voulu maçonner en temps de gelée, on n'aurait pas eu besoin d'éteindre de la chaux en saison si périlleuse.

La perte de cette chaux éteinte et en bassin est due uniquement à ce fait de travaux exécutés dans une saison où l'expérience les fait d'ordinaire suspendre.

Les fins de non-recevoir proposées ne sont donc pas admissibles.

Driot devait s'attendre à une assez grande vitesse d'exécution, mais non à une exécution contraire à toutes les prescriptions les plus élémentaires de l'art.

Maçonner en temps de gelée est une exception.

Dans ces circonstances et par ces motifs,

Driot conclut à ce qu'il vous plaise de condamner M. le préfet du département d'Indre-et-Loire

À lui payer :

1° Pour remboursement des droits d'octroi . . . . . 40,698 fr. 78

2° Terrassements, pour préjudice causé par les pluies et les crues de 1860 . . . . 76,103 96

3° Pour réfection de la distance de transport pour la pierre de taille. 18,672 72

4° Pour la transformation de la maçonnerie de pierre de taille ordinaire en maçonnerie de pierre de taille à double face. 8,060 70

5° (Maçonnerie.) Pour préjudice causé par les pluies de 1860 et le concordat de salaire du 16 mai 1860 . . 276,451 02

6° Pour le cube en excès dans les maçonneries . . . 3,330 89

7° Pour les avaries causées par la vitesse anormale d'exécution . . . . 8,324 02 et aux intérêts.

Paris, 15 août 1862.

L'entrepreneur,

DRIOT.

AVRIL,

Paris. — Imprimerie de L. MARTINET, rue Mignon.

www.ingramcontent.com/pod-product-compliance
Lightning Source LLC
Chambersburg PA
CBHW071009280326
41934CB00009B/2225